STEFANIE WIEGEL

Für immer in meinem Herzen

ILLUSTRIERT VON RITA EFINGER-KELLER

PATMOS VERLAG

Für
Pünktchen, Anton,
Martha Marie,
Victoria Marie

für immer in unseren Herzen

Dieses Album ist

für

_____

_____

von

_____

_____

Hallo du,

jemand, den du sehr gemocht oder geliebt hast, ist gestorben. Deshalb hast du dieses Album bekommen. Es ist kein gewöhnliches Buch, das du von vorne bis hinten durchlesen musst. Du kannst darin blättern und das lesen, was dich interessiert. Du kannst auch zunächst die Seiten ausfüllen und die Bilder einkleben – ganz wie du möchtest. Das Buch wird dir viele Dinge erklären, die mit dem Tod zusammenhängen. Gleichzeitig ist es auch ein Erinnerungsalbum. Du kannst hier Bilder, schöne Momente und Erlebnisse mit dem Verstorbenen sammeln, damit du sie nie vergisst. So kannst du auch in vielen Jahren noch darin blättern und lesen. Wenn du Fragen hast oder darüber sprechen möchtest, wie es dir geht, wovor du Angst hast, woran du denken musst, dann rede mit deinen Eltern, einem anderen Erwachsenen oder einem Lehrer oder einer Lehrerin, den oder die du magst. Irgendwann, auch wenn du dir das heute nicht vorstellen kannst, wird es nicht mehr so wehtun, dass der, der dir heute so fehlt, gestorben ist. Du wirst glücklich sein über die vielen Dinge, die du mit ihr oder ihm erlebt hast. Bis dahin ist es noch ein weiter Weg, aber ich hoffe, dass dir dieses Album dabei hilft.

Deine Stefanie

Liebe Eltern,

den Kindern den Tod erklären, war schon immer ein schwieriges Thema. Wie soll ich mein Kind mit dem Tod vertraut machen, ohne Ängste zu schüren? Wie soll ich ihm erklären, was passiert, wenn ich es selbst kaum begreifen kann und mich bisher damit auch noch wenig auseinandergesetzt habe? Häufig meidet man dieses heikle Thema aus Unsicherheit oder um die Kinder vermeintlich zu schützen. In meinem Beruf erlebe ich dann oft, dass die erste Trauererfahrung der Kinder gleich eine für sie sehr einschneidende ist, nämlich der Tod eines nahen Angehörigen. In dieser Situation ist die Familie meistens selbst so mit ihrer Trauer beschäftigt, dass es wenig Raum und Kraft gibt, den Kindern in Ruhe den Tod mit all seinen Ritualen nahezubringen. Sie erleben dann die Hilflosigkeit und die tiefe Erschütterung ihrer Eltern, und ohne Vorwissen beängstigt sie diese Situation. In der Schule habe ich mit meinen Schülern und Schülerinnen dann an einem kleinen Buch gearbeitet, häufig gemeinsam mit den Eltern, und das war die erste Vorlage für das Erinnerungsalbum, das Sie nun in Händen halten. Hier werden die Themen Tod, Trauer und auch die Rituale rund um den Tod kindgerecht erklärt. Durch die Informationen, die Ihr Kind erhält, kann es mit der neuen Situation auch besser umgehen, weil es versteht, was hier vor sich geht. Gleichzeitig benötigt Ihr Kind eine Möglichkeit, sich zu äußern. Viele meiner Schüler haben große Angst, die schönen Momente, die sie zum Beispiel mit der Oma erlebt haben, irgendwann zu vergessen.

In diesem Buch kann Ihr Kind seine Erinnerungen sammeln – das dürfen auch nicht nur die guten sein – und so hat es auch die Möglichkeit, sich mit seinen Gefühlen und Ängsten auseinanderzusetzen. Optimal in dieser Situation ist es, wenn Ihr Kind Sie als Erwachsene an seiner Seite hat, damit Sie gemeinsam über den Verstorbenen sprechen und Sie sich die Sorgen und Ängste Ihres Kindes anhören können. Kinder erwarten gar nicht die perfekte Antwort. Ein ehrliches „Ich weiß es auch nicht so genau" hilft ihnen meist mehr als eine lange wissenschaftliche Erklärung. Haben Sie den Mut, mit Ihrem Kind gemeinsam das schmerzhafte Thema Tod anzugehen, aber auch gemeinsam über die schönen Erinnerungen zu lächeln und zu lachen. Akzeptieren Sie, wenn Ihr Kind lieber (zunächst) alleine an diesem Buch arbeiten möchte. Nach einiger Zeit werden Sie bestimmt Gelegenheit finden, es mit ihm gemeinsam zu betrachten. Ich wünsche Ihnen viel Kraft und Lebensfreude.

Stefanie Wiegel
Haltern am See, April 2009

Dies ist ein Erinnerungsbuch für

Name:

Vorname:

geboren am:

gestorben am:

Du warst mein   , und ich bin sehr traurig, dass du gestorben bist.

Jeder Mensch, der geboren wird, stirbt auch irgendwann. Meistens sterben Menschen, wenn sie sehr alt sind. Oft werden sie irgendwann krank und der Körper ist schon so alt, dass er die Krankheit nicht mehr besiegen kann. Manchmal haben auch junge Menschen eine schlimme Krankheit, an der sie sterben. Einige Menschen sterben – jung oder alt – bei Unfällen.

Du warst   Jahre alt, als du gestorben bist.

Mein Lieblingsfoto von dir:

Auf diesem Foto bist du ___ Jahre alt.

Wann ist ein Mensch tot?

Was mit einem Menschen passiert, wenn er zu sterben beginnt, kann man schwer beschreiben. Ärzte merken es daran, dass der Körper nicht mehr richtig arbeitet. Das Herz hört auf zu schlagen, der Mensch atmet nicht mehr. Er liegt einfach da und bewegt sich nicht mehr. Nach und nach wird seine Haut ganz kalt und sein Körper steif.

Was passiert dann mit dem Verstorbenen?

Jemand, den man „Bestatter" nennt, holt den Verstorbenen ab. Sein Beruf ist es, den Toten zu waschen, ihm die Haare zu kämmen, ihn anzuziehen und in einen Sarg zu legen. Ein Sarg ist eine Art Holzkiste, die von innen meist weich gepolstert ist und mit Kissen ausgelegt wird.

Der Bestatter bespricht auch mit den Verwandten, die mit dem Toten zusammengelebt haben oder sich um ihn gekümmert haben, wann die Beerdigung sein soll. Er lässt die Karten drucken, die man an die Familie und Freunde verschickt, damit sie über den Tag der Beerdigung informiert werden. Der Bestatter fährt den Toten in einem besonderen Wagen (Leichenwagen) auch zu der Beerdigung.

Das war deine Todesanzeige, die verschickt wurde:

Was passiert bei einer Beerdigung?

Wenn jemand gestorben ist, dann wird er beerdigt. Bei einer Beerdigung nimmt man Abschied von dem, der gestorben ist. Schon einige Tage nach dem Tod treffen sich die Familie und die Freunde dazu auf dem Friedhof. Häufig sind die Menschen dunkel oder schwarz gekleidet. Damit zeigen sie, wie traurig sie über den Tod dieses Menschen sind. Meistens gehen alle gemeinsam in die Kirche. Dort hält ein Pastor einen Gottesdienst für den Verstorbenen. Es wird aus seinem Leben erzählt, es werden Lieder gesungen und es wird für den Verstorbenen gebetet. Oft steht der Sarg mit dem Verstorbenen auch in der Kirche.

Manchmal feiert man den Abschied von dem Toten aber auch nur in der Friedhofshalle oder in einem besonderen Raum beim Bestatter, der dafür mit Blumen und Kerzen geschmückt wurde. Dann erzählt der Bestatter oder jemand

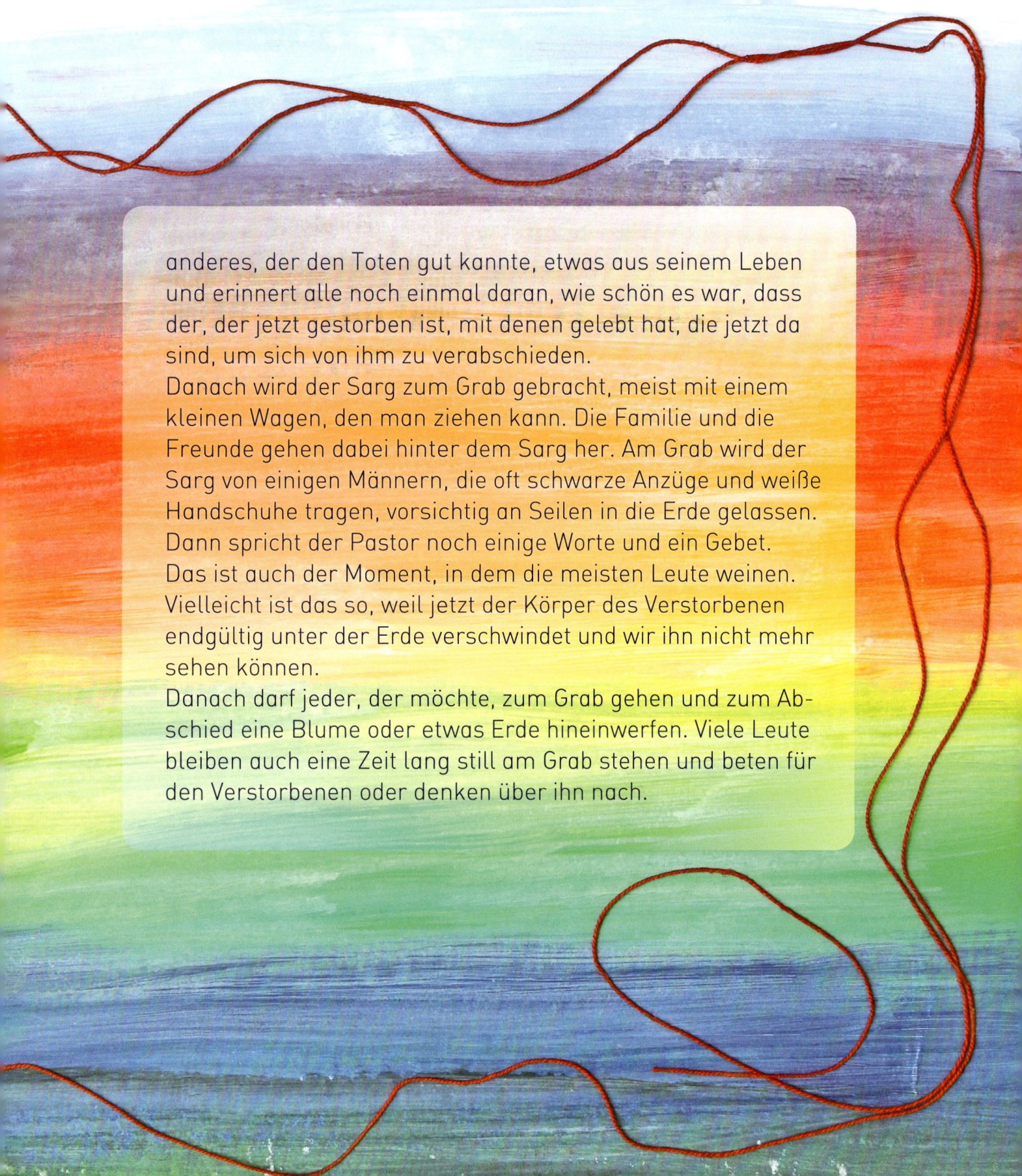

anderes, der den Toten gut kannte, etwas aus seinem Leben und erinnert alle noch einmal daran, wie schön es war, dass der, der jetzt gestorben ist, mit denen gelebt hat, die jetzt da sind, um sich von ihm zu verabschieden.

Danach wird der Sarg zum Grab gebracht, meist mit einem kleinen Wagen, den man ziehen kann. Die Familie und die Freunde gehen dabei hinter dem Sarg her. Am Grab wird der Sarg von einigen Männern, die oft schwarze Anzüge und weiße Handschuhe tragen, vorsichtig an Seilen in die Erde gelassen. Dann spricht der Pastor noch einige Worte und ein Gebet.

Das ist auch der Moment, in dem die meisten Leute weinen. Vielleicht ist das so, weil jetzt der Körper des Verstorbenen endgültig unter der Erde verschwindet und wir ihn nicht mehr sehen können.

Danach darf jeder, der möchte, zum Grab gehen und zum Abschied eine Blume oder etwas Erde hineinwerfen. Viele Leute bleiben auch eine Zeit lang still am Grab stehen und beten für den Verstorbenen oder denken über ihn nach.

Manchmal wird der Leichnam, also der tote Körper, auch verbrannt. Dann kommt die Asche in ein kleines Gefäß, fast wie eine Vase, die man Urne nennt. In so einem Fall kann es sein, dass man den Gottesdienst oder die Gedenkfeier besucht und die Urne erst einige Wochen später in das Grab gelegt wird.

Die Menschen, die dem Verstorbenen am nächsten standen, dürfen zuerst zum Grab. Wenn also zum Beispiel ein Mann gestorben ist, dann sind das seine Frau oder die Kinder und die Enkelkinder. Alle Leute, die danach zum Grab gehen, geben diesen oft noch die Hand und sagen „mein Beileid" oder Ähnliches. Damit wollen sie sagen, dass es ihnen ganz besonders leid tut, dass jemand, den sie so geliebt haben, gestorben ist.

Wenn alle Leute gegangen sind, dann wird das Grab mit Erde aufgefüllt. Auf den Erdhügel kommen dann die Kränze und Blumen, die die Familie und die Freunde für den Verstorbenen haben machen lassen. Häufig haben die Kränze auch Schleifen, also zwei miteinander verschlungene Bänder, auf denen

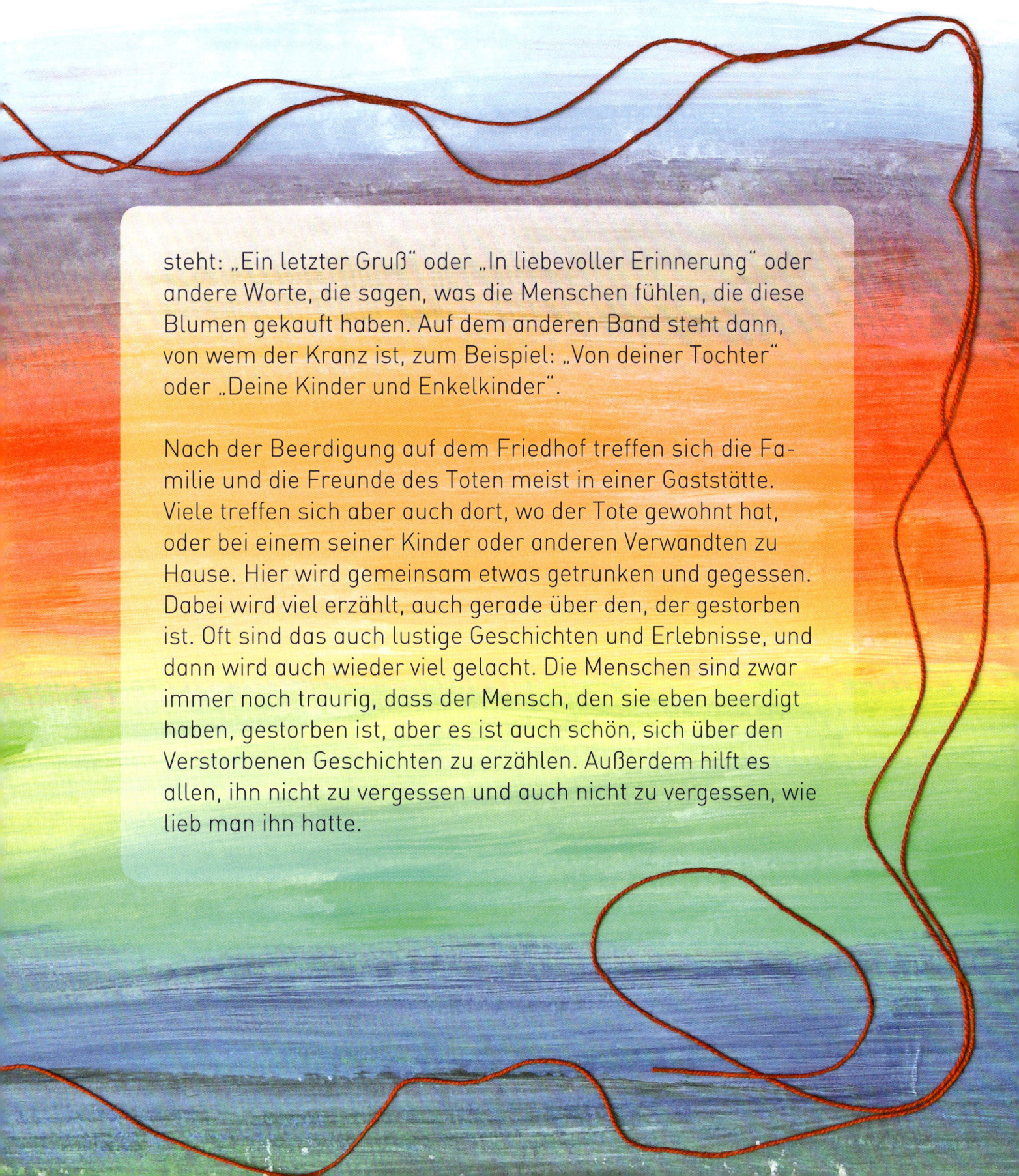

steht: „Ein letzter Gruß" oder „In liebevoller Erinnerung" oder andere Worte, die sagen, was die Menschen fühlen, die diese Blumen gekauft haben. Auf dem anderen Band steht dann, von wem der Kranz ist, zum Beispiel: „Von deiner Tochter" oder „Deine Kinder und Enkelkinder".

Nach der Beerdigung auf dem Friedhof treffen sich die Familie und die Freunde des Toten meist in einer Gaststätte. Viele treffen sich aber auch dort, wo der Tote gewohnt hat, oder bei einem seiner Kinder oder anderen Verwandten zu Hause. Hier wird gemeinsam etwas getrunken und gegessen. Dabei wird viel erzählt, auch gerade über den, der gestorben ist. Oft sind das auch lustige Geschichten und Erlebnisse, und dann wird auch wieder viel gelacht. Die Menschen sind zwar immer noch traurig, dass der Mensch, den sie eben beerdigt haben, gestorben ist, aber es ist auch schön, sich über den Verstorbenen Geschichten zu erzählen. Außerdem hilft es allen, ihn nicht zu vergessen und auch nicht zu vergessen, wie lieb man ihn hatte.

Deine Beerdigung war am:

Der Friedhof, auf dem du liegst, heißt:

Getroffen haben wir uns hinterher im Gasthof/bei:

So sah dein Grab mit den Kränzen und Blumen nach der Beerdigung aus:

Foto oder gemaltes Bild

Ist der Verstorbene ganz verschwunden?

Wenn jemand stirbt, dann bleiben viele offene Fragen. Der Körper des Verstorbenen liegt in einem Grab. Vielleicht hast du schon gehört, dass Mama oder Papa von einer „Seele" gesprochen haben. Damit ist die Persönlichkeit eines Menschen gemeint, also das, was ihn als Mensch so besonders gemacht hat. Jeder Mensch hat ja seine eigene Art zu denken, jeder Mensch hat eigene Gefühle und seine eigene Art, etwas zu tun. Vielleicht konnte der Mensch, um den du jetzt trauerst, besonders gut Geschichten erzählen. Oder dir besonders gut zuhören. Oder ganz besonders gut Feuer machen oder Marmelade kochen. Jeder Mensch ist etwas ganz Besonderes und einzigartig. Jeder Mensch hat seine eigene Seele.

Die Erwachsenen haben unterschiedliche Meinungen,
was mit einer Seele passiert, wenn ein Mensch stirbt.
Einige glauben, dass die Seele auch stirbt.
Einige glauben, dass die Seele zu Gott geht.
Andere denken, dass der Verstorbene noch irgendwie
bei uns ist und uns sehen kann.
Viele Menschen stellen sich vor, dass der Verstorbene
im Himmel ist und ihnen von dort aus zusieht.

Wenn du bei Nacht den Himmel anschaust,
wird es dir sein, als lachten alle Sterne,
weil ich auf einem von ihnen wohne,
weil ich auf einem von ihnen lache.

Antoine de Saint-Exupéry, Der kleine Prinz

Ganz genau kann niemand sagen, was dann passiert, denn die Verstorbenen können es uns ja nicht mehr erzählen. Du musst dir selbst überlegen, was du wohl glaubst, was du richtig findest. Unterhalte dich mal mit deinen Eltern oder Freunden darüber, was sie denken.

**Der Mensch ist erst wirklich tot,
wenn niemand mehr an ihn denkt.**

Bertolt Brecht

Wenn jemand gestorben ist, den man sehr gerne oder lieb hatte, dann ist man traurig. Das spürst du jetzt wahrscheinlich auch. Oft weint man, und das Herz ist einem so richtig schwer. Vielleicht kennst du auch das. Du kannst jetzt nicht mehr mit dem Verstorbenen reden, spielen oder lachen. Wenn jemand gestorben ist, mit dem du jeden Tag zu tun hattest, dann fehlt er dir vielleicht ganz besonders. Wie der Satz in Rot schon sagt, ist jemand, an den man noch häufig denkt und den man in seinem Herzen noch gern oder lieb hat, in unseren Erinnerungen noch lebendig, also immer, wenn du an ihn denkst.

Das ist meine schönste Erinnerung an dich:

Das fand ich besonders toll an dir:

Auch du warst ein ganz besonderer Mensch.
Einige Dinge konntest du gut, andere nicht so gut.
Niemand war so wie du, und niemand sah so aus wie du:

Das bist du:
Du warst etwa   groß.
Deine Haarfarbe war   .
Deine Augenfarbe war   .

Das hast du gerne angezogen:

Das konntest du gut:

Diese Musik hast du gerne gehört:

Das hast du gerne und oft gesagt:

Das mochtest du nicht:

Das konntest du nicht:

Darüber haben wir zusammen gelacht:

Das wird mir besonders an dir fehlen:

Trauer

Wenn jemand, den man lieb hat, stirbt, dann fühlt sich das unbeschreiblich an. Es tut weh, und man hat das Gefühl, dass nichts mehr so ist wie vorher. Komischerweise geht das Leben aber bei den anderen Menschen ganz normal weiter. In sich drinnen ist man ganz traurig, aber die anderen gehen weiter einkaufen, trotzdem ist jeden Tag Schule, und du musst auch wie immer essen und schlafen. Das fühlt sich sehr eigenartig an. Jeder Mensch hat auch seine eigene Art zu trauern. Einige weinen ganz schrecklich, andere wollen alleine sein, wieder andere treffen sich mit der Familie. Manchen merkt man gar nicht an, dass sie traurig

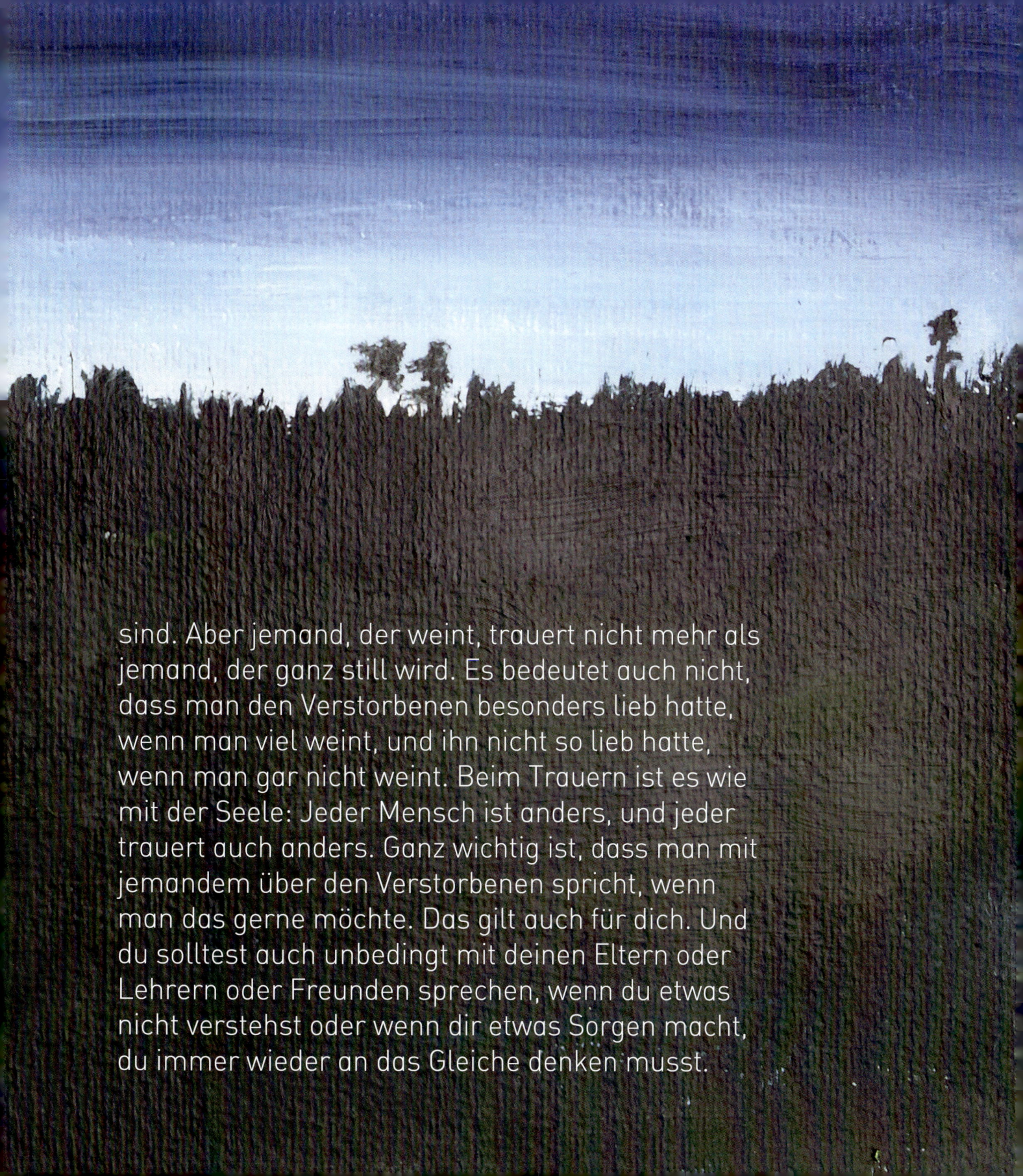

sind. Aber jemand, der weint, trauert nicht mehr als jemand, der ganz still wird. Es bedeutet auch nicht, dass man den Verstorbenen besonders lieb hatte, wenn man viel weint, und ihn nicht so lieb hatte, wenn man gar nicht weint. Beim Trauern ist es wie mit der Seele: Jeder Mensch ist anders, und jeder trauert auch anders. Ganz wichtig ist, dass man mit jemandem über den Verstorbenen spricht, wenn man das gerne möchte. Das gilt auch für dich. Und du solltest auch unbedingt mit deinen Eltern oder Lehrern oder Freunden sprechen, wenn du etwas nicht verstehst oder wenn dir etwas Sorgen macht, du immer wieder an das Gleiche denken musst.

Das sind Fotos aus deinem Leben:

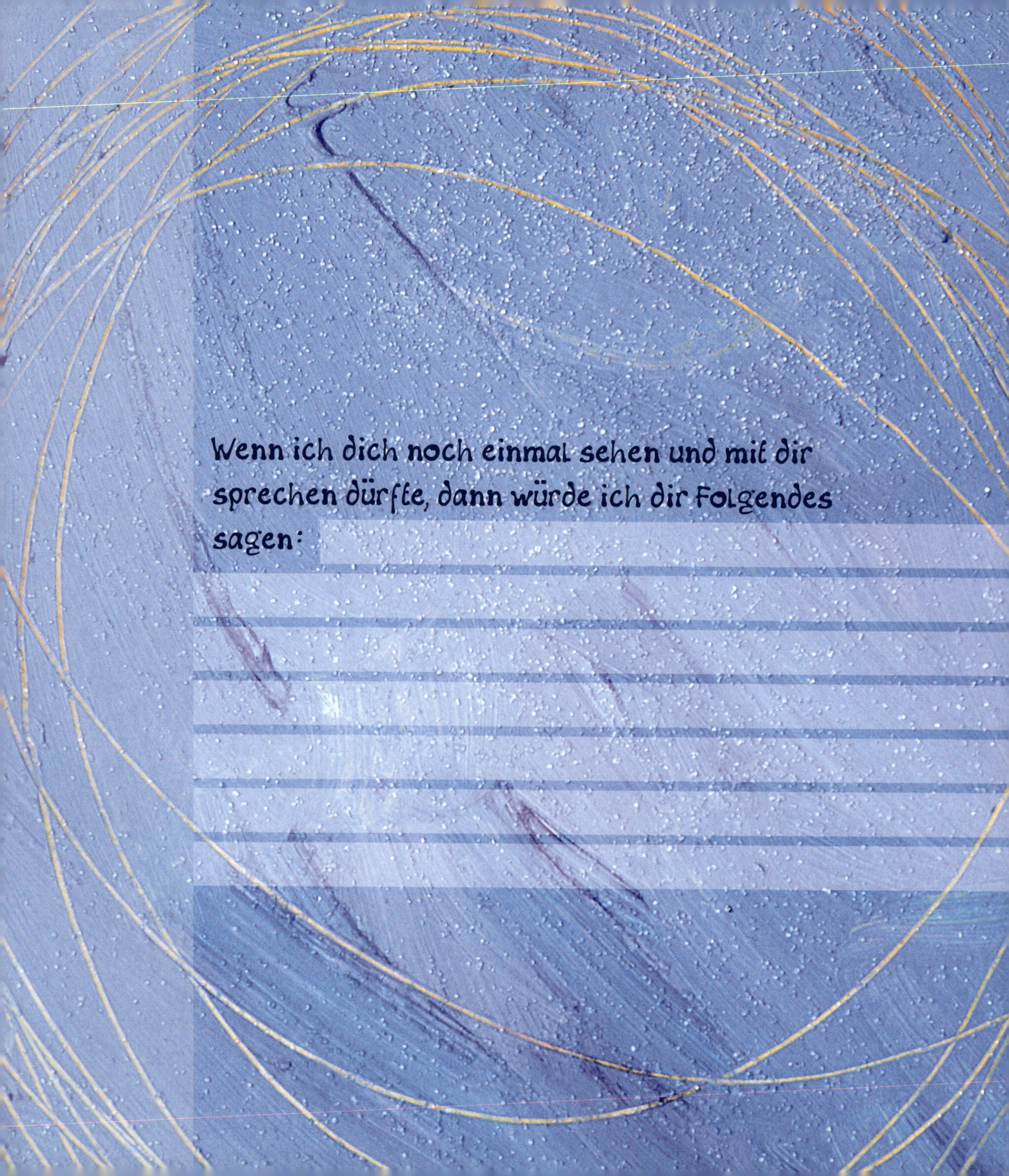

Wenn ich dich noch einmal sehen und mit dir sprechen dürfte, dann würde ich dir Folgendes sagen:

Das habe ich alles mit dir erlebt:

Das ist dein Lebenslauf:

geboren am:

geboren in:

Name deiner Eltern:

Name deiner Geschwister:

So hieß deine Schule:

Diesen Beruf hast du gelernt:

Hier hast du gearbeitet:

Geheiratet hast du _____ am _____
Du hast ____ Kinder bekommen.
Namen der Kinder: _____

Du hast ____ Enkelkinder bekommen.
Namen der Enkelkinder: _____

Fotos von dir und mir:

Wenn jemand gestorben ist, dann braucht man oft eine ganze Zeit, bis man das auch mit dem Herzen verstehen kann. Am Anfang kann das schrecklich wehtun, und manchmal ist man eine lange Zeit traurig. Wenn die Tage und Wochen vergehen, dann gewöhnt man sich ein wenig daran, dass der Verstorbene nicht mehr da ist. Vielleicht spürst du das auch. Oft denkt man dann noch an die schönen Dinge zurück.

Manchmal redet man in Gedanken auch mit dem Verstorbenen. Man kann ihm in Gedanken erzählen, was man gerade erlebt hat, und sich vorstellen, was er antworten würde. Machst du das auch?

Viele Menschen gehen zum Grab, legen dort Blumen hin oder stellen sie in eine Vase und sprechen in Gedanken mit dem Verstorbenen. Was würde der, den du verloren hast und um den du trauerst, wohl zu diesem Buch sagen?

Einige Wochen nach der Beerdigung wird das Grab richtig fertig gemacht. Die Erde ist nicht mehr wie ein Hügel aufgehäuft. Dann kann die Familie des Verstorbenen das Grab gestalten. Einige Familien lassen einen Stein oder ein Kreuz anfertigen, auf dem der Name des Verstorbenen steht. Manchmal steht dort auch, wann er geboren und wann er gestorben ist. Viele pflanzen dann schöne Blumen auf das Grab oder stellen frische Blumen in einer Vase darauf. Manche Familien gehen sehr häufig zum Friedhof, weil sie sich dem Verstorbenen dort irgendwie näher fühlen, andere gehen nicht so gerne dorthin. Sie denken lieber zu Hause an den Verstorbenen. Wie ist es für dich? Wie macht ihr das zu Hause?

Mit der Zeit, wenn man sich ein wenig daran gewöhnt hat, dass jemand gestorben ist, denkt man nicht mehr so häufig daran. Auch die Gedanken verändern sich. Es tut noch immer im Herzen weh, und man hätte den Verstorbenen gerne zurück, oft denkt man aber auch lächelnd an ihn, weil einem schöne oder witzige Dinge einfallen, die er gesagt hat oder die man gemeinsam erlebt hat.

Ich denke beispielsweise bei Fußballspielen oft an meine Tante Martha und sage dann zu meiner Familie: „Wisst ihr noch, wie gerne sie immer in ein Fußballstadion ging?" Wenn ich schwimmen gehe, fällt mir häufig mein Cousin Jörg ein, der – als wir Kinder waren – meinen Kopf unter Wasser drückte, damit ich das Tauchen lerne, und mich immer auf seinem Motorrad mitnahm. Bei einem besonders guten Essen denke ich an meine Oma Ilse, die so toll kochen konnte. Mein Opa Herbert konnte witzig erzählen, und manchmal, wenn ich mit meinem Mann und meinen Söhnen am Abendbrottisch sitze, dann denke ich an unsere Kinder und unsere Nichte, die gestorben sind. Meine Zwillingssöhne Pünktchen und Anton starben, ehe sie einen richtigen Namen bekamen, und meine Tochter Martha Marie, die Zwillingsschwester meines jüngsten Sohnes, starb auch. Das war zunächst eine ganz schreckliche Zeit. Ich konnte das gar nicht verstehen und fand es so unfair. Es tat so weh wie nichts zuvor in meinem Leben. Ich dachte, ich könnte nie wieder lachen. Mit den Jahren, die nun vergangen sind, tut es nicht mehr so doll weh, aber ich wünschte, ich hätte alle meine Kinder bei mir.

Ich stelle mir dann vor, dass wir alle an einem Tisch sitzen, und höre fast, wie laut und lustig es zugehen würde. Das sind schöne Träume, die mich lächeln lassen und nur noch ganz wenig wehtun. Mit meinen beiden Söhnen rede ich über ihre verstorbenen Geschwister, obwohl sie sie nicht kennengelernt haben. Besonders mein jüngerer Sohn denkt auch viel über seine Zwillingsschwester nach, mit der er ja gemeinsam in meinem Bauch war. Erst vor kurzer Zeit erwarteten mein Bruder und seine Frau ihr erstes Kind. Wir haben uns alle schrecklich gefreut auf diese kleine Victoria Marie und konnten ihre Ankunft kaum erwarten. Dann erfuhren wir, dass sie sehr schwer krank ist. Kurz darauf starb sie. Obwohl wir Victoria Marie, Pünktchen, Anton und Martha Marie gar nicht so lange kannten, hinterlassen sie doch eine Lücke in unserem Leben. Bestimmt ist es für dich auch sehr schlimm, wenn der, der nun tot ist, ganz fest zu deinem Leben gehört hat und du ihn lieb gehabt hast.

Als Victoria Marie starb und wir alle so schrecklich traurig und ver-
zweifelt waren, sagte einer meiner Söhne etwas Wunderschönes:
„Ich glaube, Victoria Marie ist jetzt bei Pünktchen, Anton und Martha
Marie. Die spielen bestimmt zusammen." Dieser Gedanke hat uns
sehr getröstet. Wir haben uns die vier beim Spielen vorgestellt und
dachten, dass sie bestimmt eine Menge Spaß miteinander haben.

Jetzt verstehst du vielleicht auch, warum auf der ersten Seite dieses Buches etwas von Pünktchen, Anton, Martha Marie und Victoria Marie steht. Ihnen ist dieses Buch gewidmet, das heißt, es ist mein Dankeschön dafür, dass sie bei uns waren, und es soll an sie erinnern, denn durch sie habe ich sehr viel über den Tod, das Trauern, aber auch über das Leben gelernt.

Niemals werde ich mit all meinen Kindern, meiner Nichte, meinen Großeltern, meinem Cousin und meiner Tante gemeinsam an einem Tisch sitzen, um vergnügt Abendbrot zu essen. Aber durch die Erinnerungen, die ich an sie habe und die ich meinen Kindern oder auch anderen erzähle, bleiben sie in meinem Herzen lebendig. So sind sie in unseren Gedanken und Gesprächen bei uns. All diese Menschen, von denen ich dir hier erzählt habe – und noch einige mehr –, habe ich für immer in meinem Herzen.

Ich wünsche dir, dass du auch in einiger Zeit an deine schönen Erinnerungen denkst, mit jemandem gemeinsam darüber lächeln kannst und den Verstorbenen für immer in deinem Herzen behältst.